AF275595

NUBES CON FORMA DE NUBE

Francho Aijón

COLECCIÓN ITES

NUBES CON FORMA DE NUBE

© Francisco Aijón Ponzán
© Diseño de portada: Paula López Aijón
© Corrección: Álvaro Martín Valcárcel
© de esta edición: Olé Libros, 2024

ISBN: 978-84-10053-38-0
Depósito legal: V-2385-2024
Impreso en España

KALOSINI, S. L.
Grupo editorial olélibros
equipo@olelibros.com
www.olelibros.com

A mi hijo Javixtu,
libre por encima de cárceles.
... a la lucha
y a lo fraterno.

Mamá, dime si estoy equivocado:
¿es Dios otro policía más?

2Pac, *Blasphemy*

CAMINO

POR el camino, les grité.
¡El camino! ¡Id por el camino!
Y mis pies, de sordera imperdonable,
se dirigieron hacia el bosque.

El árbol

Extendí los brazos en medio
de la Gran Vía madrileña,
y mi cuerpo medía un bosque.

Me retorcí sobre el cemento
haciendo surcos en mi piel,
y de mis manos bailaoras

cuelgan frutos de primavera,
y por mi tronco nuevo, enhiesto,
escalan las hormigas rojas

peregrinando en éxtasis flamenco,
hasta las palmas de mis manos.

Ars telefónica

Una llamada perdida.

Llamada perdida suena a despiste...
y siempre andamos con prisas
y nos amamos sin tiempo,
y eso es como vivir
en el lado incorrecto del espejo.

Dice que el número es desconocido.
No es desconocido el número,
puede que irreconocible.
En el colegio aprendimos
cómo se leen los dígitos.

El amor no nos lo enseñan.
Nos hacen memorizar
hazañas de unos psicópatas,
pero del amor nada nos enseñan.

En la pantalla se lee:
1 llamada perdida.

¡Perdida! Y no dejo de pensar
en un tono de teléfono
despistado, por la calle,
revoloteando como un insecto
en la columna de luz
que nace de las farolas.

Es un tono de teléfono
preocupado porque no halla a nadie,
y se queda con las manos
en los bolsillos de su gabardina
el mismo día ventoso
que yo me sujeto un sombrero negro
como quien no quiere que se le vuele
una noche porque dentro
de esa noche se hizo el amor follando.

Llamo de vuelta…
y…
nada.

Sale una de esas voces que no pasaría un test de Turing,
ya veremos en unos años, y que me pide dejar un mensaje
en su BUZÓN DE VOZ.

Que te imaginas a uno de esos buzones amarillos de correos, al
que se le abre la trampilla, y una voz guardada de hace tiempo
te habla lejana y te dice algo que, en su momento, no se pudo
decir:

> *Te amé justo antes de los bosques.*

No me pueden negar que es un poeta
el que pone nombre a estos misterios.

Ah,
¿y este mensaje?
EL NÚMERO MARCADO NO EXISTE.
Dejaría a Kierkegaard de piedra.

Una voz que no pasa el test de Turing,
tiempo al tiempo, rebate la existencia
de toda una combinación numérica
y desautoriza a la matemática.

Una llamada perdida,
números desconocidos,
luego un mensaje de voz
o un número que no existe.

Detrás del teléfono hay un poeta,
también un filósofo hegeliano,
y un inadaptado al capitalismo,
y no puede faltar algún ateo,
y una remota sensación de arena
en la boca que me impide tragar

porque ella
conoce mi combinación de números
porque ella
me tiene en su agenda y soy conocido

porque podría dejarme
un mensaje con su voz,
porque su número existe
que me lo conozco yo.

No esperaba recibir
una llamada perdida.
Y espero por la llamada
que por fin me localice.

Descubrí

Descubrí que la vida
es caminar
y desoír el camino.
Me adentro en el bosque
y salgo en los páramos
algo más sabio y delgado.

ACTITUD DE PERSONA

ACABO de ver a un hombre que llora,
no miento,
en pleno centro de Madrid.

Sentado
a las puertas del McDonald's,
y sin alegorías, te lo juro,
un hombre llora y nadie se detiene,
ni yo me detengo,
no me detengo.

Dije que el que lloriquea es un hombre,
¿y si el que llora no es un ser humano?,
si no, alguien se detendría,
yo mismo,
lo juro, si fuera un hombre el que llora.

Si ves llorar a un hombre te detienes,
YO mismo,
lo juro,
no miento,
es fácil,
solo tendría que acercarme a él,
y preguntarle:
                    ¿Qué te ocurre, amigo?
Y contagiarme a la vez con su lágrima,
yo también podría llorar por algo.

Bah, no tengo tiempo para acercarme,
y está muy cerca de mí,
en realidad,

pero no puedo con esa distancia...
y si tuviera tiempo llegaría...
No, no hay que llorar si no tienes tiempo,
y hombres con tiempo lloran,
demostrado.
Los demás pasean sin detenerse,
y yo mismo, paseamos sin lágrimas.

No es broma, paseamos por Madrid
e inevitablemente un hombre llora.
Llora inevitable frente al teatro
donde algunos pagan para reírse.
Ahí mismo, muy cerca
y sin alegorías,
sentado en los portones del McDonald's,
un hombre llora gratis
en el centro económico del país.

¡Y ese hombre llora! ¡Está dicho! Llora.

Como si fuera abatida una gárgola
del frontispicio de la catedral
McDonald's. Derrotado.

¡Nadie se entera desde el Google Earth!

Y ese hombre que llora es el único
que tiene actitud de persona
en el puto centro del universo,
del puto mundo y puto continente,
del país puto y de Madrid, bien puto
también.

Él llora, y suenan todos los teléfonos
móviles del mundo casi al unísono,
y chatean simultáneamente
mil millones de personas sin tiempo,
YO mismo.
Y tenemos más aviones más rápidos,
y más trenes más rápidos,
y más hombres más rápidos.
¡Batieron el récord de los 100 metros!

En la era de la comunicación
inmediata, nadie se acerca al hombre
que llora en pleno centro de Madrid,
mientras pasean hombres como lágrimas.
Y así, paseamos
como si nada,
YO mismo paseo
como si nadie.

La despedida

Llegué sin maletas a la estación.
En el andén de los trenes parados,
llevo años apeado del amor,
por un billete que compré tarado
que ni es de ida ni es de vuelta el muy cabrón.

Oferta en la web de RENFE:
Tique para Melancólicos
Sin partida
Sin destino

Te despides de mí y agitas la mano
como una vieja fascista con Parkinson,
mientras respondo mecánico como
un ciudadano ejemplar,
un español de los buenos.

No hay culpables en una despedida.
Inocente el que se va,
inocente el que se queda,
reza la parte de atrás del billete.

Me pide que la olvide.
Que si me bajo del tren, no la busque,
porque ella será otra y mejor así
y se va de la estación.

El tren permanece inmóvil dos horas sobre las vías,
que es el viaje que habíamos pagado.
Es la hora de volver, me apeo.

No sé si han pasado años o segundos,
el tiempo es eso que mide un reloj,
pero nadie reconoce a los que llegamos.

¡Los denunciaré por publicidad engañosa!
No hay inocentes en una despedida,
culpable el que se va
y culpable el que se queda.

Me meto las manos en los bolsillos de la gabardina
y vuelvo a casa y ella está, pero no me reconoce
porque yo vengo del pasado, dice.
Y vivo desincronizado llegando tarde desde entonces.
TODO es vida
menos la vida.

Ella se ha ido para siempre
estando donde siempre estuvo.
En ese andén,
los que compramos el billete melancólico
solo queríamos que vinieran a despedirnos,
sin calcular que una despedida
es una escabechina de recuerdos
que uno decide olvidar en cuanto sale de la estación.

Paseando cerca del Manzanares,
mi sombrero negro se vuela
y parece una noche caída
junto a una vieja insignia
del partido comunista.
Ay, qué tiempos.

Me traspaso

Me gustaría hacerme
transparente e insípido.
Que me atraviese el viento
sin el remordimiento de la carne.

Envasado

No me asomo a ventanas o balcones
porque padezco el síndrome de pájaro.

No soy el responsable de lo que ocurre
más allá de aquel alquiler que pago
a este lado de la ventana.

El aire es inalcanzable y gratis.
Y lo mejor es que viva encerrado.
Si miro de más, ella pasa.

Y ella no sabe quién soy porque nunca
he salido de casa por si acaso;
sus ojos agitan mis alas.

Tras un cristal lleno de polvo y mierda,
solo veo la fachada de enfrente
y eso me salva la vida, ya os dije
la dolencia: mi síndrome de pájaro.
Si la realidad no entra, no existen
los acontecimientos, ¿lo sabías?

Y no me asomo demasiado.
Y tampoco abro las ventanas.
Yo tengo un síndrome de pájaro.
En cuanto me mira bato mis alas.

Que la ventana está para humillarnos,
ya lo sé, y hacernos seres menguantes,
pérfidos amantes con telescopio,
«eso se sabe», me dicen así.

Pero la ventana también nos salva,
a su manera, aislándonos de todo.

Y la ventana está para envasarnos
al vacío, un vacío propio y ajeno.

Que afuera solo hay humanos jodidos
por una maquinaria defectuosa
y una vida infecta que lleva siglos
robándonos nuestros mejores años

para producir millones de cosas
a cambio de consumir miles de otras
que puedes guardar y tirar en bolsas,
incluido el vómito de los aviones.

Pero también está el amor,
esa sonrisa a contratiempo
que se entromete en la tragedia
de esta época retorcida
y el marchamo de la peor
humanidad posible.

Y agradezco que existan las ventanas,
más allá de los huecos sin cristales,
porque soy torpe frente a un agujero
y si te veo pasar, yo me tiro,
y no entiendo el mecanismo del cielo.
Pero tus ojos van mucho más allá
de las lógicas gravitacionales
o de insignias anticapitalistas.

Ahora sé que una ventana solo
es una cárcel para encerrar pájaros
porque si el amor pasa por debajo
olvidas el peor mundo posible.
Y si te descuidas, cantas.
Y si te lo permites, vuelas.
Y estos no son siglos para ser pájaro.

Los libros rotos que leí

cuando era niño, leí en libros rotos.

Mi padre me trajo todos los libros.
Conducía un camión, no era librero,
paraba en un hangar de Badalona
donde las editoriales tiraban
excedentes o libros con erratas
en enormes montañas de papel.

Libro de tapa mellada.
¡A la montaña! ¿Con páginas vueltas?
¡A la montaña! ¿De ediciones finiquitadas?
¡A la montaña! ¿De autores arrepentidos? ¡A
la montaña! ¡A la montaña! ¡A la montaña!

Mi padre sacaba de su bolsa de lona azul
La dama de las camelias,
me lo ofrecía con sus dedos rechonchos de trabajador,
y me traía tomos de enciclopedias incompletas.
Estaba la de la cubierta azul de la A hasta la D.
Y la de cubierta roja de la E hasta la M.
Otra marrón de la S hasta la Z.
Y conocimientos que nunca descubriría entre la N y la R por
culpa de una letra inicial que mi padre no encontró nunca
en esa pira de imperfección.
También por culpa de la clase social en la que nací. Por
aquel entonces, yo solo culpaba a mi padre por no atinar con
las letras, era una edad más freudiana que marxista.

La bolsa de lona azul de mi padre
olía a plátanos y gasolina, a almuerzo y kilómetros.
De niño,
el conocimiento universal
me olía a comida y grasa de camión
y estaba limitado a todo lo que cabía
en una bolsa de lona azul.

De niño,
leía esos libros inconclusos.
De niño,
la ficción estaba rota y la traía mi padre.
De niño,
la realidad se iba rompiendo bajo mis pies.
De niño,
los márgenes del contrato social me estrangulaban,
y Dios había muerto
el día que mi padre vino con una edición sin tapas de
Así habló Zaratustra.

Leí *La dama de las camelias* con algunas páginas invertidas.
No sabía nada de la prostitución,
pero los lomos del libro eran rojos
con letras hundidas en oro.
Sus páginas estaban llenas de grandes palabras
y elocuentes descripciones
que yo repetía moviendo los labios para comprenderlas mejor,
del derecho y del revés.

Leí *Un capitán de quince años.*
No sabía nada de barcos,
pero me gustaba la osadía de ese joven.
Faltaban las últimas páginas
y le escribí el más digno final

que se me ocurrió entonces:
el capitán cumplió los dieciséis.

Leí *El libro negro de Gog.*
No sabía nada del mundo,
del capitalismo, ni de su autor.
Más tarde supe que era un fascista italiano.
El libro venía mal cosido,
y se fue deshilvanando
como la propia biografía de Papini.
No soportó una segunda mudanza.

Leí *Homenaje a los indios americanos.*
No sabía nada de los indios
más allá de que tiraban flechas
y cortaban cabelleras en las películas del Oeste.
Ernesto Cardenal me hizo un mapa
de toda la libertad que arrebatamos.
No encontré ninguna tara.
Siempre sospeché que se lo quitaron de en medio.

Leí *Don Quijote de la Mancha* en una edición
de páginas cambiadas de orden.
No sabía nada de literatura universal
y descubrí a uno
que podría haber sido mi amigo,
por loco y cabezota
tenaz y esmirriado
justiciero e indomable.

Leí siempre con la sospecha
de que en cualquier momento
algo estaría mal.

Así escribo, como un escritor roto.

ENCONTRARSE

Hay días en los que
la segunda persona del singular
no te permite
encontrarme.

TIERRA

La mano dentro de la tierra,
hundida a dos metros.
Dedos húmedos
y alargados
alegrando hormigueros.
Me quedo en el sitio un rato.
Me convierto,
a la postre,
en árbol.

Decepción

Una nube con forma de nube
es una decepción inimaginable.

El poeta es...

Traductor exagerado del alma.
Quejío en la ventana que se agrieta.
Ojos de chincheta para mirarte.

Suplanto tu piel en mi cama
con la arena que metí en los bolsillos
el día que regresé de los páramos.

ACODADO

Bebo todos los chupitos del cierre.
Esos que sirven al que queda el último,
acodado en la barra de los bares,
como un barco en el puerto al que golpean
el fuerte oleaje y la soledad.

Bomba de paz

Después de la guerra no viene la paz.
Después de la guerra viene el horror de las buenas gentes,
toca dormir a los monstruos que nos han usurpado, quedan
los restos y un rescoldo de seres humanos que son ceniza.
Es el momento del recuento de agujeros para el entierro de
vivos y muertos, porque la vida, de alguna manera, también
quedó *pa* que la entierren.

Después de la guerra, para el empresariado, a vista de pájaro,
empieza el negocio milmillonario de «la paz».

Programa Eco 20°

Tengo la sospecha desde hace un tiempo
que el vertiginoso centrifugado
es el orgasmo de las lavadoras.
Luego ya, que la ropa salga limpia
es tan solo un intercambio al que accede
para que la sigamos programando.

Noches abandonadas

un sombrero negro en la acera
es una noche abandonada.

Salvarme

solo preciso
monstruos que no frecuenten mis espejos
para salvarme.

CUARENTENA (UNO)

se puso la mascarilla,
se echó alcohol en las manos.
Me dijo «te amo» «te quiero»
con esa distancia mínima
de los dos metros exactos.

Era un amor precavido,
a dos te amo de distancia.

Dio igual, a los pocos días
acabamos infectados.

CUARENTENA (DOS)

A dos metros ves todo
con otra perspectiva.

La proximidad es una distancia
confusa para quien quiere ahoyar
otra piel sin provocar una pandemia en la cama.

Nada sucede en los primeros
centímetros de la mañana.
Te rozas con alguien en la calle y casi puedo adivinar
la pregunta: «¿Estás infectado?».

Ya ni siquiera te roban.
¡Y en muchos momentos de mi vida, el carterista era
el que más cerca pasaba de mi corazón!

Nadie está a salvo de este puto virus
y mis amantes han vuelto a la Luna.

Hago vaho en la ventana y escribo «suicídate»
porque el vecino de enfrente es un imbécil.
Del tendedor de arriba cae una blusa anaranjada
como si arrojaran la piel de un torso por la ventana
de un taxidermista.

He dejado carne fuera de la nevera
para contemplar ese milagro de la vida
que nace de la putrefacción.
Las moscas, mis hijas,
llenan la casa ahora y me hacen compañía.

Vivir, ahora es esto.

LOS ESBÍRALOS

A Troy Mindell y su poema «Death and Esbíralos»

Un esbíralo es uno que estripugna
la sira de las aguas abisales.
Le llaman solo cuando se nubiban
en alta mar candídores australes.

Nadie sabe más de eso que un esbíralo,
con su acortadunas y arrefages,
protegido con un traje de buzo
rêvesado por vociformidades.

Es fácil que ellos se mueran muy jóvenes
y se vean funerales en puertos.
Según la tradición de los esbíralos,
el cadáver flota en aguas sograles
hasta que llega el frío y se congela.
Así es como los esbíralos yacen,
y así lo escribió el poeta Troy Mindell:
«... la muerte nos estripugna y lo sabe,
mas siempre nos cranta la muy cabrona».

Testamento

Heredero, dos puntos,
        te dejo un estropicio lleno de óxido,
son las herramientas para algún beso
que envejecieron en el almacén.

Si encuentras monedas en mis bolsillos,
no son mías, tíralas a la fuente.
Te dejaré poemas en graznido,
tradúcelos con algún pájaro de mal agüero.
Y un cajón lleno de poemas
inéditos. Haz una hoguera,
quiero que ardan inéditamente
y que publiquen sus cenizas.

Heredero, dos puntos,
si estás leyendo esto, es porque estoy muerto,
sírvete la cerveza más barata
y escupe en el suelo, a mi salud.

DE CUANDO ESTUVE A SALVO

TE instalas en mi lado de la cama
asustando todos mis escondites.
Me elevas como ceniza en rescoldo.

El cielo es un ayer desvencijado,
un largometraje de verdes suaves
por el que paseo como los pájaros.

Tus manos se convierten en anhelo
de luces en el cielo y eso me calma.

Huyen de mis venas los elefantes,
la sangre de los versos en pretérito
deja de manchar mis ojos de niño,

las manos simulan ser unas alas
y los agujeros deben medir,
más o menos, calculo, tú y yo juntos.

Vida en este planeta

A menudo,
las palabras son gajos
de una naranja
pudriéndose al fondo de la alameda.
Y si culpo a otros
es para redimir a mis zapatos.

¿Los oyes?
Los pájaros cantan,
se llevan las sábanas
y surgen dos amantes
pálidos y arrullados
conformando una luna.

Nunca entendí lo recto,
el círculo o las ruinas,
creí más en los poetas maricas,
en las madrugadas
y en el *whisky on the rocks*.

¿Ves esa estrella?
Pues es una mierda
distante y minúscula
porque tú estás más cerca de mí
que cualquier otra cosa
que detecte el puto telescopio Webb.

Y sé que vives en la calle y que fumas en plata
y que te has quedado sin azúcar *pa'l morao*
y que te cuelas en mi portal
cuando hace frío y que te meas dentro
y que si te lo digo, te importa una mierda.

Pero me quedo contigo,
minúsculo y adicto.
Los de ahí afuera
viven rebañando naranjas pútridas
para decir tonterías
mientras sonríen para un *reel* de Instagram
que es la colonoscopia Webb de los alienígenas.

¡¡¡Instagram es el telescopio del culo alienígena!!!

Y tú estás tan humano,
así tan yonqui,
temblando en las escaleras,
junto a las envolturas de los Kinder Bueno.
Sube que te abro la puerta de mi casa,
pero solo si me prometes
que no te vas a morir dentro.

¿Te llamabas?

ÍNDICE